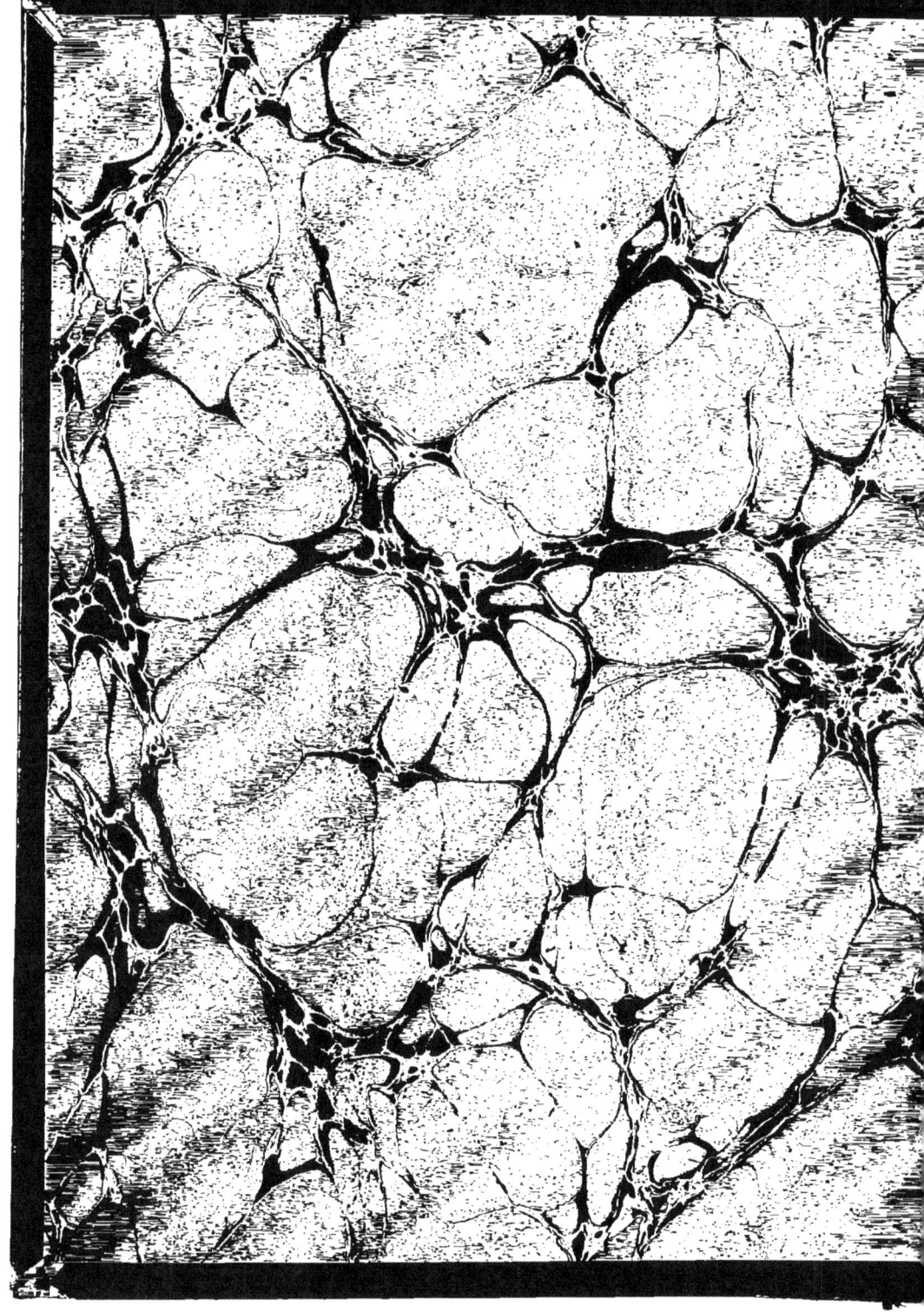

GILLES CORROZET

ET

GERMAIN BRICE

ÉTUDES BIBLIOGRAPHIQUES

SUR CES DEUX HISTORIENS DE PARIS

PAR

ALFRED BONNARDOT

PARISIEN

PARIS
H. CHAMPION, LIBRAIRE
15, QUAI MALAQUAIS
1880

GILLES CORROZET

ET

GERMAIN BRICE

PARIS. — IMPRIMERIE E. MARTINET, RUE MIGNON, 2

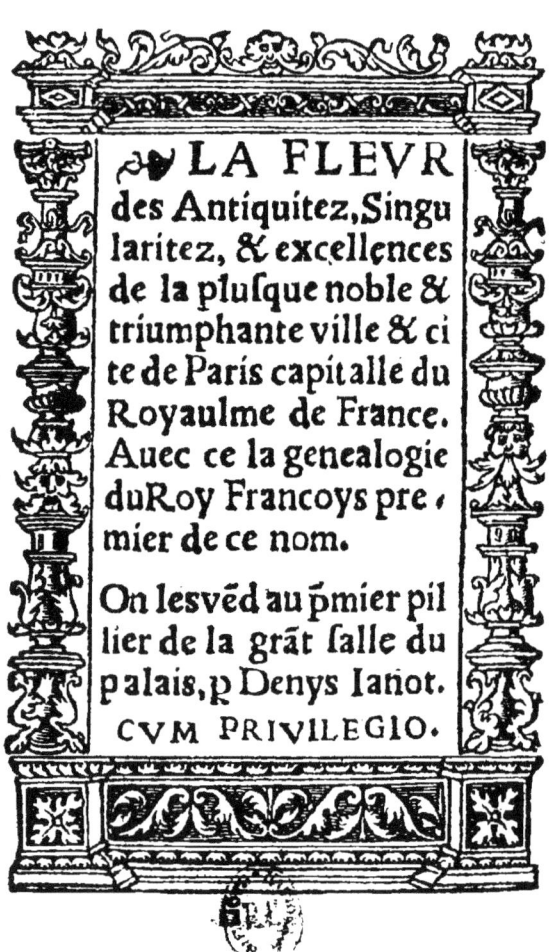

LA FLEVR
des Antiquitez, Singu
laritez, & excellences
de la plusque noble &
triumphante ville & ci
te de Paris capitalle du
Royaulme de France.
Auec ce la genealogie
du Roy Francoys pre‑
mier de ce nom.

On lesvēd au p̄mier pil
lier de la grāt salle du
palais, p̄ Denys Ianot.
CVM PRIVILEGIO.

GILLES CORROZET

ET

GERMAIN BRICE

ÉTUDES BIBLIOGRAPHIQUES

SUR CES DEUX HISTORIENS DE PARIS

PAR

ALFRED BONNARDOT

PARISIEN

PARIS

H. CHAMPION, LIBRAIRE

15, QUAI MALAQUAIS

1880

NOTICE SUR LES DIVERSES ÉDITIONS

DES

ANTIQVITEZ DE PARIS

DE

GILLES CORROZET

Gilles Corrozet est connu surtout par son livre sur les *Antiqvitez de Paris*, livre qui fut souvent réimprimé avec de notables modifications. Le père Lelong (*Bibliothèque de la France*), le père Niceron (*Mémoires*, tome XXIV), Lenglet du Fresnoy (*Méthode pour étudier l'histoire*, tome IV), enfin Brunet (*Manuel du libraire*, 1860) n'ont fait qu'effleurer ce sujet intéressant. Nous avons publié en 1848, sur ces diverses éditions, une notice que nous allons reproduire avec plus de détails et plus de précision. De leur comparaison peuvent jaillir quelques documents peu connus pour l'histoire de la capitale.

Nous n'avons à nous occuper ici ni de la biographie de cet écrivain-libraire [1], ni des ouvrages divers qu'il a rédigés ou publiés ; il nous suffira, pour éclairer cette dissertation, de dire qu'il naquit à Paris en 1510. La date de sa naissance nous est fournie par son épitaphe consistant en huit lignes de prose rimée inscrites en lettres gothiques sur la dalle qui recouvrait sa sépulture au cloître des Carmes de la place Maubert. Voici cette épitaphe telle que la rapporte Piganiol de la Force (édition de 1742, tome IV, page 544).

> L'an mil cinq cens soixante huit[2]
> A six heures[3] avant minuit
> Le quatrième de juillet
> Décéda GILLES CORROZET
> Agé de cinquante-huit ans
> Qui Libraire fut en son temps ;
> Son corps repose en ce lieu-cy,
> A l'âme DIEU fasse mercy.

[1]. M. Paul Lacroix (réimpression de la deuxième édition de Corrozet, p. xv) suppose qu'avant d'être libraire il jouait le rôle d cicérone des étrangers qui venaient visiter Paris. Sous Louis XIII existait un libraire du même nom, I. Corrozet, fils ou parent de Gilles. Il publia notamment le *Thrésor des histoires de France*, par feu Gilles Corrozet, 1638, in-8°.

[2]. Et non 1558, comme l'ont dit par erreur Lenglet du Fresnoy et le père Lelong.

[3]. M. Paul Lacroix écrit : *à cinq heures deuant minuit*.

ÉDITIONS CONTEMPORAINES DE CORROZET

Édition princeps de 1532. — Corrozet avait environ vingt-deux ans et n'était pas encore libraire lorsqu'il publia sur l'histoire de la capitale un volume petit in-16[1]. Cet opuscule n'est pas, comme on le croit communément, le premier imprimé sur Paris, mais c'est le premier publié sous un titre qui annonce des recherches spéciales sur son histoire. Les exemplaires en sont devenus fort rares par des raisons faciles à deviner : il aura été tiré à petit nombre à titre de premier essai ; son usage entre les mains des étrangers aura causé la perte d'une partie des exemplaires ; les réimpressions qu'on édita coup sur coup auront bientôt déprécié l'édition primitive ; on l'aura détruite comme inutile, elle aura eu le sort des almanachs de l'an passé. L'auteur lui-même nous indique la principale cause de sa rareté : dans la dédicace de son édition de 1550, il déclare avoir « supprimé et mis à néant son *petit livret* ». Il désigne ainsi les

---

[1] Ou, plus exactement, très petit *in-octavo*.

éditions portant le titre de *Flevr des antiquitez*.

Nous n'avons vu que trois exemplaires de l'édition princeps: celui que possède la Bibliothèque nationale (coté L. 2048. *Réserve*); celui de M. A. P. M. Gilbert que nous avons acquis à sa vente après décès pour 220 francs en 1858; enfin un exemplaire relié en veau fauve qui était à vendre vers 1836 chez le libraire Crozet et que je refusai de payer 25 fr. n'en soupçonnant pas alors la valeur.

Un quatrième a été signalé dans un article reproduit (d'après le *Constitutionnel*) par le *Siècle* du 18 novembre 1860, mais j'ai bien peur que ce récit ne soit un *canard* bibliographique: « On vendait, il y a quelques jours, chez les commissaires-priseurs, pour deux francs un énorme tas de bouquins... Or, parmi ces bouquins s'est trouvé, dit le *Constitutionnel*, un des ouvrages les plus rares et les plus précieux pour Paris. C'est un exemplaire du célèbre ouvrage du libraire Gilles Corrozet (*Paris*, 1532) intitulé... (Suit le titre assez semblable à celui que nous allons citer). Ce livre, ajoute le journaliste, était vendu 500 francs le lendemain à un bibliophile anglais. »

Voici le titre exact de l'édition princeps que nous avons sous les yeux : LA FLEVR [1] || *des Antiquitez, Singu* || *laritez, et excellences* || *de la plusque noble et* || *triumphante ville et ci* || *te de Paris, capitalle du* || *Royaulme de France* || *Auec ce la genealogie* || *du Roy Francoys pre* || *mier de ce nom* || *On les ved au pmier pil* || *lier de la grat salle du* || *palays p*(par) *Denys Ianot* || CVM PRIVILEGIO. Ce titre est orné d'un encadrement rectiligne formé d'arabesques de style renaissance. Nous l'avons fait reproduire par la photogravure. (*Voir à la fin de l'ouvrage.*)

Corrozet, n'étant pas encore libraire, ne fut pas son propre éditeur. Le privilège signé *I. Morin* permet à Nicolas Sauetier, imprimeur, de vendre ce livre. A la suite du privilège daté du 19 mars 1531 [2] on trouve la dédicace et le nom de l'auteur. « Aux illustres et notables bourgeoys et citoyens de la ville de Paris Gilles Corrozet donne salut. » La dédicace se compose de vingt-quatre vers de dix syllabes qui se terminent par cette devise répétée à la fin de l'ouvrage et en d'autres en-

---

1. Ce mot *Flevr* veut dire sans doute : choix de ce qu'il y a de plus saillant; peut-être a-t-il ici le sens d'*abrégé*.
2. C'est-à-dire 1532, l'an dit 1531 se prolongeant alors jusqu'à Pâques.

droits : *Plus que moins.* Vient ensuite la table.

Le texte est imprimé en assez gros caractères dont la forme arrondie, atteste une époque de transition, de réforme dans les caractères de l'imprimerie. L'ouvrage se compose de 8 feuillets préliminaires suivis de 63 numérotés au recto en chiffres romains. Chaque page contient 19 lignes. En regard du folio I, après la table, on remarque une gravure sur bois assez finement exécutée : elle représente *Vergilius* montrant à *Mecenas* (ces deux noms sont inscrits sur des banderoles) un arbre autour duquel s'enlace une vigne chargée de fruits, allusion à la protection que François Ier accordait aux lettres.

Au recto du feuillet LXIII se termine ainsi le livre : « *Fin des antiquitez et excel | lences de la ville de Paris Auec | la Genealogie du Roy Frãçoys | Faictes et composées par Gil | les Corrozet. Et imprimees à Pa | ris pour Denys Ianot libraire | ayant sa bouticque en la grant | salle du Pallais au premier | pillier deuant la chap | pelle de Messei | gneurs les | presidens |* 1532.

Au verso du même feuillet est la marque du libraire Denis Janot : c'est un bois, de forme carrée, représentant *un renard* debout, au milieu d'une banderole qui l'entoure, et portant cette légende *Amor Dei omnia vincit*. Sous la patte gauche du renard est un écusson contourné sur lequel figure probablement le monogramme du graveur; on y distingue les lettres S, D, F, A, bizarrement disposées. Autour de l'encadrement on lit, à partir de la gauche, en majuscules romaines : *Amovr partovt — partovt amovr — tovt par amovr — en tovt bien*. Au bas une banderole porte le nom *Denis Ianot* également en majuscules romaines. Cette marque se trouve gravée de la dimension de l'original à l'article *Corrozet* dans le *Manuel* de Brunet (édition 1860-65) [1].

A ces détails matériels ajoutons quelques remarques sur le plan et le style de cette première édition. La table indique quarante-huit chapitres ou divisions dont les titres ne figurent pas dans le texte. Les principaux récits sont suivis de plusieurs vers de dix syllabes que précèdent le mot *Lacteur*, c'est-à-dire l'auteur. Ces vers qui surviennent ainsi comme la *moralité* à la suite des contes de Perrault, sont tout à fait prosaïques et d'une bonho-

---

[1]. M. Alfred Firmin-Didot nous a communiqué le cliché que nous avons reproduit.

mie divertissante. Ils résument les matières principales traitées dans le chapitre ; c'est ce qu'on peut nommer des vers mnémoniques. Citons un échantillon de la versification dont Corrozet régalait ses lecteurs (folio XLVII) :

> Mil quatre cens quatre vingtz dix et neuf
> Cheut à Paris le pont de nostre Dame
> Dont Escheuins receurent grât diffame.
> Depuis on la restaure tout de neuf.

Ces vers rappellent ceux inscrits trente-six ans plus tard sur sa tombe.

Si l'on considère l'ouvrage sous le rapport archéologique, les assertions de Corrozet reposent le plus souvent sur des traditions orales et des récits mêlés de superstitions historiques ou religieuses. Tout ce qu'il rapporte sur l'origine de cette ville et la généalogie de François Ier est un tissu de fables absurdes ; encore l'auteur n'a-t-il pas le mérite de l'invention, car les premiers chapitres de son livre se composent d'une copie à peu près textuelle de la description de Paris que donne Raoul de Presle dans les commentaires de sa traduction de la *Cité de Dieu* de saint Augustin [1]. Tout

---

[1]. Voir l'édition en 2 volumes in-folio publiée à Abbeville en 1486, tome I, livre v, chapitre xxv. Cette rarissime édition se trouve à la Bibliothèque Sainte-Geneviève.

ce qu'il dit sur l'origine des mots *Lutetia* et *Parisii*, sur la *Croix du Tiroir*, le *Carrefour Guillori*, l'*Archet Saint-Marry*, etc., n'est qu'une reproduction du texte de Raoul de Presle. Il cite quelquefois les auteurs qu'il copie, notamment la chronique de Nicole Gilles et l'ancien poème intitulé : *Architrenius* dont il extrait des vers latins accompagnés d'une traduction.

Pour moi je lui pardonne volontiers ses absurdités et ses plagiats en considération de la naïveté de son style et surtout de quelques précieuses notes *de visu* sur l'histoire ou la topographie parisienne entre 1526 et 1531. C'est la portion du livre la plus intéressante ; il est à regretter qu'elle soit si minime. La stérilité de détails archéologiques de cette première édition a fait dire sans doute aux bibliographes qu'elle n'est recherchée qu'en raison de sa rareté. Du reste c'est dans la dernière édition, imprimée en 1561 sous les yeux de l'auteur, qu'il faut reconnaître son mérite. Il la nomme *seconde édition*, bien qu'entre les deux dates il existe sept ou huit réimpressions, mais il veut dire la seconde édition de son ouvrage développé et complètement refondu en 1550.

Réimpression de 1532. — Cette même année parut une réimpression qui semble prouver la faveur dont jouissait cet opuscule. C'est également un petit in-16 comprenant 8 feuillets préliminaires et 71 numérotés. En voici le titre exact avec traits indiquant la disposition des lignes dont l'ensemble offre la forme d'une coupe : *La Flevr des An* || *tiquitez, singularites et excellences* || *de la noble et triumphante Ville et cite* || *de Paris capittalle du Royaulme* || *de France. Adioutees oul* || *tre la premiere im* || *presession* (sic) *plu* || *sieurs sin* || *gu* || *laritez e* || *stans enladicte* || *ville. Auec la genea* || *logie du Roy Fran* || *coys premier de ce* || *nom.* Et plus bas : *On les vend à Paris au premier* || *pillier de la grant salle du Palais, par* || *Galiot du Pre* || 1532.

J'ai vu deux exemplaires de cette réimpression, l'un en belle condition que m'a montré il y a longtemps M. Giraud de Savines, exemplaire sur lequel j'ai copié le présent titre ; l'autre, celui de M. Le Roux de Lincy, relié en cuir de Russie, n° 481 du catalogue[1] de sa

1. Une note du catalogue annonçait à tort cette édition comme la première. Le titre lui-même démentait cette assertion. Je n'en ai découvert aucun exemplaire dans nos bibliothèques publiques. Celle de l'hôtel Carnavalet en possède un aujourd'hui.

vente (faite par M. Aubry, le 11 mars 1865) adjugé 355 francs. Le texte diffère sur plus d'un point de celui de l'édition princeps, comme l'atteste la réimpression publiée en 1874 par le bibliophile Jacob. Les caractères du texte et la disposition du titre ne sont point pareils et on n'y voit plus l'estampe allégorique de Mécènes et de Virgile. Chaque chapitre commence par une initiale ornée et est toujours suivi d'un quatrain résumant le sujet du chapitre. L'auteur, comme l'annonce le titre, a intercalé dans son texte plusieurs additions (signalées par M. Paul Lacroix) ; il a aussi modifié ou retranché quelques phrases. L'addition vraiment importante est une liste des noms de rues, églises, etc., de Paris (folio 54) qui a reparu, plus ou moins augmentée et rectifiée, dans des réimpressions subséquentes. Cette liste, la première rédigée par Corrozet, offre une particularité remarquable : la rue *du Pélican* qui aboutit à celle dite aujourd'hui Jean-Jacques-Rousseau (ci-devant de Grenelle) ne porte pas le nom ordurier de Poil-de-C... écrit en toutes lettres dans plusieurs listes postérieures. Corrozet se sera fait d'abord un scrupule de citer ce nom dans toute sa crudité cynique; puis, plus tard, entraîné par le goût du temps (temps où Rabelais avait publié son *Pantagruel*), il a substitué à ce nom innocent, tiré sans doute d'une enseigne, la malicieuse et obscène variante adoptée par le vulgaire.

Niceron, dans ses *Mémoires* (tome XXIV, page 151) donne ainsi le titre de la réimpression de 1532 : « *La Fleur des antiquités et singularités de la noble et triomphante ville et cité de Paris, et les noms des rues, églises et collèges y estant*, etc. Paris, *Gilles Corrozet*, 1532, in-8°. » Ce titre, comme on voit, diffère de celui cité, notamment par le nom de Corrozet au lieu de celui de Galiot du Pré, mais Niceron doit nous inspirer peu de confiance; il rédigeait ses titres très superficiellement et souvent de mémoire. Il a confondu deux éditions différentes ou bien il y aurait eu un changement de titre à la réimpression de 1532[1].

RÉIMPRESSION DE 1533. — Niceron, après avoir cité la réimpression de 1532, ajoute :

---

[1]. En 1843, dans une vente de livres faite par M. Merlin, figurait un exemplaire de cette édition ou de la suivante, avec reliure du temps fort avariée et les deux premiers feuillets déchirés dans le bas. Il fut adjugé à M. Merlin pour 18 francs.

« *Item, Paris, Guillaume de Bossozel*, 1533, in-16. » Le père Lelong (n° 34,386) la signale aussi en passant, seulement il écrit par erreur, ainsi que Lenglet du Fresnoy : *Rossozel*. Le titre de cette édition citée dans le catalogue de vente signalé ci-dessus (n° 482) est, sauf quelques variations dans l'orthographe, identique au précédent, mais la date est 1533 et le nom de Galiot du Pré a disparu. Au recto du dernier feuillet on lit : « Ce present traicte a este acheue le septiesme iour de mars mil cinq cens trente troys (1534, nouveau style) par Guillaume de Bossozel, demourant en la grant rue Sainct-Iasques au Chasteau Rouge pres les Mathurins. » C'est un in-16 de 47 feuillets, lettres rondes. Ce bel exemplaire en maroquin rouge du Levant, relié sur brochure par Duru, fut adjugé à 315 francs. Brunet signale un exemplaire vendu seulement 12 fr. 50 à la vente Morel de Vindée (1822). J'en ai noté un autre marqué sur le catalogue de vente de M. B*** 1853 (n° 1049). J'ignore si c'est le même que posséda depuis M. Le Roux de Lincy.

Réimpression de 1534. — Elle est citée sur le catalogue de vente de Secousse (1752,

p. 258). Sur l'exemplaire de ce catalogue que possède la Bibliothèque de l'Arsenal (8,326 H) les prix sont marqués. Elle fut adjugée, jointe à l'édition de 1561, pour 12 livres. Elle a été payée 170 francs le 29 novembre 1860 à la vente Félix Solar (n° 2,804 du catalogue). C'est un in-16, lettres rondes. Le titre est semblable, quant au texte, à celui des deux précédentes réimpressions, sauf le millésime qui est 1534. Il se compose de lignes alternativement noires et rouges. Au bas du titre on lit : « *On les vend en la rue neufve Nostre Dame à l'Enseigne Sainct Nicolas.* » A la fin du livre : « *Imprimé nouuellement à Paris par Denis Ianot pour Pierre Sergent et Iehan Longis, libraires.* »

Réimpression de 1535. — Je l'ai vue, il y a longtemps, chez M. Le Roux de Lincy. Toujours le titre de celle de 1533 avec cette variante : « *De nouueau adiouste plusieurs belles singularites dont le contenu pourraz* (*pourres* selon Brunet) *veoir en tournant le feuillet. On le vent à Paris en la rue Neufve Nostre Dame a l'enseigne Sainct Nicolas*, 1535, » in-16 de 52 feuillets, sans préliminaires. Dans la liste finale des rues de Paris figure encore celle du *Pellican*. Les caractères ont toujours la forme et la dimension de la réimpression de 1532. Les initiales m'ont paru aussi être les mêmes. Cette édition ne figurait pas sur le catalogue de la seconde vente de Le Roux de Lincy, faite en 1865.

Réimpression de 1543. — M. le baron Jérôme Pichon a publié en 1845 sur cette réimpression qu'il possédait un curieux et savant article dans le *Bulletin du Bibliophile* (n° de décembre 1845). Même titre que celui des précédentes, avec cette modification : « *De nouueau ont esté adioustées le nombre des églises, chappelles et collèges, auec le nombre des rues et ruelles, auec leurs aboutissans, etc. On les vend a Paris en la rue neufue Nostre Dame, à l'enseigne Sainct Nicolas, par Pierre Sergent,* » 1543, in-16 de 80 feuillets chiffrés, caractères ronds. L'addition la plus importante est cette liste des rues[1]. Cette édition doit passer, jusqu'à nouvelle découverte, pour la dernière portant le titre de *Fleur des antiquitez.*

Édition complètement refondue de 1550. — Vu un exemplaire à la Bibliothèque nationale

[1]. Liste reproduite par M. Paul Lacroix, page 101.

(n° 2049). En voici le titre : « *Les antiquitez histoires et singularitez de Paris, ville capittale du Royaume de France auec privilege du Roy pour VI ans. Paris, au Palays en la boutique de Gilles Corrozet.* 1550, » in-8° en gros caractères ronds, sur papier encadré de lignes rouges. En tout 218 feuillets dont les deux derniers contiennent les *errata*. Trente chapitres. Au milieu du titre est gravée sur bois la marque de Corrozet sous forme d'un pitoyable rébus. Elle consiste en un cœur (*cor* en latin) ayant au milieu une *rosette*, ce qui signifie *cor-rosette*. Les amateurs de rébus de nos jours ne sont guère plus difficiles, seulement ils n'admettent plus le latin. Corrozet cette fois est son propre éditeur.

Ce livre, dont le titre est d'un style plus moderne que les précédents, est dédié à Monseigneur Claude Guiot, sécretaire et conseiller du Roy. Dans cette dédicace, l'auteur énumère les nouvelles matières contenues dans son ouvrage et termine ainsi : « Le tout plus amplement et au long sans comparaison qu'il n'a esté par cy-deuant escrit en un petit livret, lequel j'ay *supprimé et mis à neant,* emendant ses erreurs et fables et faisant cestuy ci tout neuf. » Par les mots *petit livret*, il entend parler, comme nous l'avons dit plus haut, des diverses éditions de « *la Flevr des antiqvitez.* » Le texte de Corrozet a été en effet tout à fait refondu et très augmenté par rapport aux réimpressions précédentes. L'auteur y a ajouté le récit des événements survenus depuis 1532, et cette partie, rédigée sur des notes contemporaines, doit être regardée comme la plus importante. La liste des rues n'indique plus les aboutissants, et, pour la première fois, le nom de la rue du Pélican y est désigné par le nom obscène de *Poil-de-C...* Il paraît, du reste, que ce nom impur figurait depuis longtemps, un peu modifié, sur les registres publics, où l'on cite la rue *Poilecon*. Félibien (t. V, p. 618) signale une *Taille* de l'an 1313, où se lit le même nom. Voir aussi Sauval, t. III, pp. 292, 310 et 576.

Un bel exemplaire, reliure de Bauzonnet, fut adjugé 130 francs à la vente Le Roux de Lincy en 1865, numéro 483 du catalogue.

Réimpression sans date de l'ouvrage précédent (1551). — J'ai vu et parcouru un exemplaire de cette édition à la Bibliothèque de l'Arsenal (Hist. 3112). Le dernier événement signalé est de 1550; il est probable que le livre a été publié l'année suivante. C'est un in-8° (format in-12 actuel) ayant pour titre : « *Les antiquitez, histoires et singularitez excellentes de la ville, cité et Université de Paris, capitale du royaume. — A Paris. Imprimé pour Estienne Groulleau.* » La dédicace s'adresse toujours au même personnage, Claude Guiot; seulement on ajoute à ses titres celui de *preuost des marchands*. On compte en tout 127 feuillets, 91 de moins que dans le livre précédent; mais il faut noter que les caractères sont ici plus fins et les lignes serrées, de sorte que le volume peut contenir plus de matières. Le 113ᵉ feuillet est consacré aux *omissions*. Au verso du dernier est gravé sur bois l'écu de France soutenu par deux chérubins[1]. Cette édition, selon Brunet, fut vendue 30 fr. à la vente Monmerqué (1851).

---

[1]. Le catalogue de M. L. R. de L. (Le Roux de Lincy), Techener, 1855, signale sous le numéro 585 une édition de Corrozet également sans date portant le même titre que celle ici décrite; mais le format est annoncé in-16. On ajoute en note : « L'une des plus *anciennes* éditions de ce *petit livret* fort curieux et des plus rares. » Ce livre ne peut être, malgré un titre identique, celui dont nous parlons. Il nous a paru contenir beaucoup moins de matière. (Vendu 145 fr.) Je n'ai su où le placer dans cette dissertation.

Édition de 1555. — Cette nouvelle réimpression, peut-être modifiée, et que je n'ai jamais vue, est ainsi décrite par M. Paul Lacroix, qui ne parle pas de l'édition de 1551 : « *Les antiquitez et singularitez excellentes de la Ville, Cité et Vniversité de Paris, Capitale du Royaume de France. Plus y ont esté adioustées plusieurs autres singularitez, ainsi que pourrez veoir en l'autre costé de ce fueillet. A Paris, de l'imprimerie de Nicolas Chrestien, demourant en la rue neufue nostre dame, à l'Escu de France.* 1555, in-16 de 64 ff. chiffrés, avec une gravure en bois sur le titre, représentant Paris. »

Cette édition contient une liste curieuse des rues avec leurs aboutissants, liste réimprimée par M. Paul Lacroix. On y nomme Tire-v.. la rue Tire-Boudin [1] et Poil-de-C... celle du Pélican. On y signale la *Vallée de Joye* [2].

Édition de 1561. — Voilà probablement la dernière édition imprimée sous les yeux de l'auteur, qui la nomme *seconde* par rapport à celle de 1550, la première de son ouvrage pri-

1. Les anciens registres de la ville la nomment *Tire-Boudin*, rue dite aujourd'hui *Marie-Stuart*.
2. Portion de la place de la Vallée-de-Misère où, selon G. Corrozet, édit. de 1555, aboutissent les rues de la Petite-Saunerie et

mitif refondu et très amplifié. En voici le titre : « *Les | Antiqvitez | chroniques et | sin- gvlaritez de Paris | ville capitale du Royaume de France | auec les fondations et bastimens | des lieux : les sepulchres et epi | taphes des Princes, Prin | cesses et autres per | sonnes illu | stres | Corrigées et augmentées pour la | seconde edition | Par G. Corrozet Parisien | Auec priuilège du Roy | à Paris | en la grand' Salle du Palais, en la bou | tique dudict Gilles Corrozet | 1561,* » in-8° de 8 feuillets préliminaires et de 200 chiffrés, 26 lignes à la page. On y compte trente chapitres comme dans l'édition de 1550, mais ils renferment un peu plus de matières, bien que les caractères soient assez gros.

Cette édition de 1561 est celle à laquelle l'auteur a donné toute la perfection possible. Le judicieux Jaillot ne cite que celle-là. Les précédentes sont moins soignées ; les suivantes ont été remaniées par des mains étrangères. Aussi glisserons-nous rapidement sur les réimpressions subséquentes. Toutefois, celle-ci est

---

de Pierre-au-Poisson. Ce nom provenait sans doute du fief voisin, appartenant à l'abbaye de Joye-en-Val (en latin *Gaudium Vallis*); sur lequel Louis XIV fit construire un grenier à sel, dont le bâtiment fut décoré, à titre de souvenir, des armoiries de l'abbaye située près de Saint-Germain en-Laye.

loin d'être exempte d'erreurs. Ainsi, au folio 155, au sujet d'une effigie de la Vierge, brisée par un luthérien, on lit : l'an 1538, au lieu de la vraie date : 1528, indiquée dans les éditions précédentes. Cette erreur se reproduit dans toutes les éditions postérieures.

Revenons à la description du livre. A la fin est une liste des rues, mais sans indication des tenants et aboutissants. Cette liste se retrouve, je crois, dans toutes les éditions postérieures. Au recto du dernier feuillet on lit : Imprimé par Benoist Preuost, ruë de Frementel, à l'enseigne de l'Estoile d'or, près le cloz Bruneau. Au verso se retrouve la marque-rébus de Corrozet : une main tenant un cœur qui contient une rosette. Autour du cœur serpente une banderole où se lit en petites majuscules : *In corde prudentis requiescit*[1] *sapientia. Proverbiorvm.* 14.

Le dernier événement enregistré est de l'an 1560. Le livre se termine au folio 184 par l'annonce de la prochaine publication d'un ouvrage d'architecture relatif aux édifices de Paris de « Iaques du Cerceau, home très suffisant en l'art de perspectiue ». A la suite de la

---

1. Niceron a lu par erreur : *revirescit*.

liste des faubourgs, il ajoute l'épitaphe de Robert Cenalis, évêque d'Avranches, « à fin que le reste de cette feuille ne demeure blanc ». L'extrait du privilège, au revers du titre, est daté du 19 avril 1561. Un exemplaire relié par Duru a été adjugé pour 110 francs à la vente Leroux de Lincy de 1865.

Gilles Corrozet mourut le 4 juillet 1568. Entre cette année et 1561 parut-il une nouvelle édition? C'est possible, mais je ne la connais pas. On en cite une dont je parlerai ci-après, datée de 1568, année même où mourut l'auteur, mais elle est douteuse.

Il me resterait à mentionner les traductions des divers textes de Corrozet, mais j'ignore s'il en existe. Brunet parle de traductions d'autres ouvrages de Corrozet, mais il n'en cite aucune à propos des *Antiquitez de Paris;* et pourtant n'est-ce pas le livre qui semblait réclamer de préférence un traducteur, puisqu'il s'adressait surtout aux étrangers?

J'ai vu en 1843, à la Bibliothèque impériale de Vienne, un manuscrit allemand de 1610, intitulé : *De Germaniâ in Galliam iter* (coté DLXX, 1046). Il contenait sur Paris six pages qui m'ont été traduites ; elles étaient insignifiantes. Tous les détails que donne l'auteur sur la capitale sont extraits d'une édition de Corrozet qu'il cite à chaque instant, mais sans dire qu'il se servait d'une traduction. Je laisse donc cette question à résoudre à un bibliographe plus heureux que moi.

ÉDITIONS POSTHUMES DE L'OUVRAGE DE CORROZET.

Tandis que Corrozet reposait sous les dalles du cloître des Carmes, un confrère, qui sans aucun doute avait le droit de reproduire son ouvrage, Nicolas Bonfons, continua d'en livrer au public des éditions augmentées. Passons-les en revue.

ÉDITION DE 1568 ? — Niceron, dans ses *Mémoires*, la cite sous ce titre : « *Les antiquités, chroniques et singularitez de Paris, par Gilles Corrozet, augmentées par Nicolas Bonfons*: Paris, 1568, in-8°, chez Bonfons. »

La *Biographie universelle* éditée par Michaup,

à l'article *Corrozet*, ne cite que cette édition, probablement d'après Niceron, et ajoute : « C'est la *meilleure* édition et la *seule recherchée*. » Son existence ne paraît pas invraisemblable, mais nous ne l'avons jamais vue. Brunet la regarde comme fort douteuse. « Peut-être, dit-il, son annonce ne repose-t-elle que sur une transposition de chiffres (1568 pour 1586). Ce qui nous le fait croire, c'est que Nicolas Bonfons n'exerçait pas encore en 1568. Sa mère a donné une édition des mêmes *Antiquités... de Paris, recueillies par feu G. Corrozet, augmentées de nouveau. Paris, veuve Jean Bonfons* (sans date, mais vers 1571), in-16. Vend. 8 fr. Walckenaer. » Si l'édition de 1568 existe, c'est probablement l'auteur lui-même qui l'aura préparée ; mais la mort l'aura surpris au milieu de son travail. En tout cas, ce serait la première à laquelle Nicolas Bonfons aurait collaboré.

EDITION VERS 1571 ? — Nous venons de la citer d'après les conjectures de Brunet ; mais sa date n'étant pas certaine, nous la signalons seulement pour mémoire, car nous ne l'avons jamais vue.

Édition de 1576. — Un amateur que j'ai rencontré dans une vente m'a dit avoir vu une édition avec le millésime 1575; il y a peut-être erreur de date, et je ne puis sur un renseignement si vague donner un rang à cette édition. Celle de 1576 est certaine. En 1848, j'en ai lu la mention sur un catalogue (manuscrit) des imprimés de la Bibliothèque Nationale (sous le n° L. 2069, i, a), mais on n'a pu la trouver. Depuis, le catalogue de vente de M. Le Roux de Lincy, 1855 (n° 588), m'en a fourni le titre, qui diffère de celui de l'édition de 1561 : « Les Antiquitez, histoires, *chroniques et singularitez de la grande et excellente* Cité de Paris *ville capitale et chef du Royaume de France : avec les fondations, etc.* (le reste comme le titre de 1561), *auteur en partie Gilles Corrozet, Parisien, mais beaucoup plus augmentées par N. B. Parisien. A Paris, par Nicolas Bonfons*, 1576, in-16. » Ce magnifique exemplaire relié par Bauzonnet, fut vendu 245 francs le 12 novembre. Notons qu'ici l'éditeur revient au petit format, sans doute pour la commodité des étrangers.

Édition de 1577. — Elle se trouve indiquée

sur le catalogue de vente de feu M. Taillandier (1868), n° 462. Le titre, énoncé en abrégé, est identique à celui de l'édition précédente, et même format in-16. L'exemplaire désigné comme *joli* était très court de marges, et, bien que relié par Capé, il a été adjugé seulement 62 fr. le 6 février. Cette édition, au reste, est peut-être la précédente avec un nouveau titre portant le millésime 1577.

Édition de 1581. — Même titre que celui des précédentes, sauf l'orthographe du mot *croniques* — « *par Gilles Corrozet, Parisien. Paris, N. Bonfons, à l'enseigne Saint-Nicolas, 1581* », in-16. 15 ff préliminaires et 328 chiffrés. 32 chapitres. Sur le titre est la marque de N. Bonfons : une colonne soutenue par deux mains qui se croisent, accostée des initiales N. B. Au-dessus un cœur ardent que gardent la Foi et la Charité, et le Père éternel tenant une banderole où se lit cette devise : *Proba me Deus et scito cor meum.*

Bonfons, dans sa préface, donne à entendre qu'il a publié une édition avant celle-ci. Il avance que c'est le livre de feu Corrozet « augmenté de plusieurs choses mémorables ».

Puis il témoigne la crainte d'être « par quelqu'enuieux nommé pipeur du labeur d'autrui » et il annonce qu'il publie tout de suite cette édition, forcé par les prières de ses amis, « outre l'*ambition* de plusieurs qui vouloient réimprimer Corrozet. » Il se dit si pressé qu'il n'a pu corriger les fautes échappées à la première impression et promet par la suite une édition plus soignée.

Il paraîtrait que l'ouvrage était tombé dans le domaine public, puisque Bonfons craint d'être prévenu par d'autres éditeurs et se hâte d'imprimer. Il donne à croire qu'il a beaucoup ajouté. Or j'ai comparé l'édition de 1561 avec celle-ci, et j'en conclus qu'il n'eut d'autre peine que d'opérer quelques petits changements, comme de réunir en un seul les deux premiers chapitres de Corrozet, de corriger quelques fautes d'impression et d'ajouter trois chapitres formant 35 feuillets et renfermant le récit des événements écoulés depuis 1560. Du reste, c'est toujours le texte de 1561, sauf quelques intercalations ou additions. Ainsi on compte deux évêques de plus; on a ajouté dans la liste des rues... le marché Neuf, le collège des Grassins, etc.; mais, d'autre part, Bonfons a oublié les églises de Saint-Julien-le-Pauvre, Saint-Yves, des Cordelières, etc., citées dans l'édition de 1561. Il nomme *Barbou* l'hôtel Barbeau, et commet d'autres fautes du même genre, qu'il a reproduites dans les éditions suivantes.

Les additions de faits historiques ou topographiques depuis 1560, voilà le seul *labeur* important dont on doive lui savoir gré. Citons ces lignes sur les massacres de la Saint-Barthélemy : « Audict an (1572), le 24 dudict moys d'aoust, iour de la Sainct Barthelemy, par un tumulte tant la nuict que le iour, plusieurs Princes, Seigneurs et Bourgeois, furent mis à mort. » Il n'ajoute aucune réflexion, aucun détail sur cet horrible événement, silence qui implique une tacite approbation ; mais, pour dédommager le lecteur, il signale la miraculeuse floraison d'une aubépine au cimetière Saint-Innocent.

André Thevet, historien du temps, affecte la même réserve au sujet de ces massacres. Voici ce qu'il en dit au t. II, p. 576, de sa *Cosmographie universelle*, publiée vers la fin de 1572 : « Si l'on m'ameine en auant la iournée de Sainct Barthelemy de l'an 1572, en laquelle fut faict massacre de plusieurs grands seigneurs et autres plus moyens, chascun est assez aduerty de l'occasion : m'en remettant à ce que les Historiographes en pourront escrire et discourir. » Mais Thevet, bien que grand amateur de faits miraculeux, ne fait aucune mention de l'aubépine.

ÉDITION DE 1586. — C'est sans doute celle *plus soignée* que Bonfons nous promettait dans sa préface de 1581, et cependant les fautes et omissions de la précédente s'y retrouvent. On n'y a pas rectifié la date erronée de 1538, que j'ai signalée ci-dessus, page 21. Le format est un in-8° qu'on nommerait aujourd'hui in-12. Les caractères sont assez fins. On compte 16 ff. préliminaires et 212 numérotés. Il y a 32 chapitres. En voici le titre : *Les | Antiqvitez | Croniqves et singvla | ritez de Paris, ville capi | talle du Royaume de France. Avec les fonda | tions et bastiments des lieux, les Sepulchres | et Epitaphes des Princes, Princesses et au | tres personnes illustres | Par Gilles Corrozet, Parisien, et depuis | augmentees par N. B. Parisien.* On y voit toujours la marque de Bonfons citée ci-dessus [1].

---

1. On voit à la Bibliothèque de la ville (hôtel Carnavalet) cette

Cette édition est une des plus connues et peut-être la moins rare, parce qu'elle aura été tirée à grand nombre et dans un format assez grand. Selon plusieurs bibliographes, ce serait la meilleure édition de Corrozet. C'est la plus étendue, mais celle de 1561, corrigée par l'auteur, est préférable, et c'est pourquoi le scrupuleux Jaillot la citait quand il s'appuyait sur le témoignage de Corrozet. Quant à la composition du livre, c'est toujours ou à peu près le texte de l'édition de 1561, sauf quelques intercalations et l'addition des événements écoulés entre les deux époques, avec liste des rues identiques, je crois, à celle de l'édition de 1561. Ce qui fait rechercher cette édition, c'est qu'à la plupart des exemplaires est jointe une seconde partie, même format, même impression, intitulée : « Les antiqvitez et singvlaritez de Paris, — livre second. — De la sépulture des roys, et roynes de France, princes, princesses et autres persones illustres. representez par figures ainsi qu'ils se voyent encore à preset es esglises ou ils sont inhu-

---

même édition sans le supplément de Rabel; mais on lit au bas : « à Paris chez *Galiot Corrozet*, en la Grande Salle du Palais ioignant les Consultations, 1586. »

mez; recueillis par Rabel M. paintre. *Paris, par Nicolas Bonfons, 1588. Avec privilège du roy.* » Au milieu du titre sont les armes de Paris, avec le fleuve de Seine d'un côté et la Marne de l'autre; 119 feuillets, outre 3 préliminaires. Ce supplément est intéressant par les détails, et surtout par les 55 gravures sur bois qu'il renferme, dont une (fol. 13) offre une vue de Saint-Germain des Prés, avec ses créneaux, ses tourelles et ses fossés. Les autres représentent les tombes de Saint-Denis, Saint-Germain des Prés, etc. On y distingue celles élevées par Henri III, en l'église Saint-Paul, à *Maugeron, Samegrin* et *Quesleus*, tombes détruites par le peuple ameuté en 1589. Elles sont accompagnées des épitaphes. Je ne sache pas qu'elles aient été gravées ailleurs que dans ce livre. Elles sont toutes trois de construction uniforme, sauf les armoiries. On y remarque le portrait de Christophe de Thou, gravé sur bois d'après son tombeau à Saint-André-des-Arts, etc. Un exemplaire relié par Duru a été adjugé 125 francs à la vente Le Roux de Lincy, 1865.

Édition de 1588. — Elle porte, si j'ai bonne

mémoire, un titre à peu près semblable à celui de la précédente, sauf que le supplément de Rabel est mentionné sur le titre. Les deux parties ont été fondues ensemble et les gravures sont peut-être autrement placées. N'ayant pas cette édition sous les yeux, je ne puis en dire rien de plus.

Édition de 1605. — Citée par le père Lelong et sur quelques catalogues. En voici le titre exact, nouveau par sa forme : « *Les | Fastes, anti | qvitez et choses | plvs remarqvables | de Paris. | Labeur de curieuse et diligente recherche, di | uisé en trois livres | par | Pierre Bonfons, Parisien, | Controoleur au Grenier à sel de Pontoise. | Paris, Nicolas et Pierre Bonfons, fils de Nicolas, 1605, in-8°.* » Mêmes estampes que dans les deux précédentes éditions. Dans la préface de l'édition posthume de la *Description de Paris* de Piganiol (1765), on avance que cette édition de 1605 a été augmentée par Jacques Du Breul; c'est l'édition de 1608 qui mentionne le nom de Du Breul sur son titre.

Édition de 1606. — Même titre, même format que la précédente, avec les gravures sur bois déjà très fatiguées. J'ai dit (dans la première publication de la présente *notice*) qu'on avait, dans l'édition de 1606, supprimé les trois tombes des mignons de Henri III : c'est une erreur. Elles ont été seulement placées autrement dans le texte, ainsi que dans l'édition suivante.

Édition de 1607. — In-8°. Même titre que les deux précédentes, sauf qu'il n'y a plus comme nom d'éditeur que celui de *Pierre Bonfons, rue Neufue nostre Dame, enseigne Sainct Nicolas.* Caractères très fins, 39 lignes à la page, 16 ff. préliminaires, 336 numérotés. Sur le titre, armes de Paris de l'édition 1586.

Édition de 1608. — Du Breul, religieux de Saint-Germain des Prés, a contribué à cette édition. Elle a pour titre : « *Les antiqvitez et choses plus remarquables de Paris... recueillies par P. Bonfons, augmentées par frère Jacques du Breul, religieux octog. de l'abbaye S. Germain-des-Prez-lez Paris* », 448 feuillets, non compris la préface et la table alphabétique des matières placée en tête ; 33 lignes à la page.

Les additions de Du Breul sont incorporées au texte refondu de Corrozet. Les gravures des éditions précédentes en font toujours partie, mais très mauvaises d'épreuves. Les trois tombes de Queslus, Maugiron, etc., ont été retranchées, mais on y voit toujours le buste de Jacques de Thou à Saint-André des Arcs et, de plus, une gravure de 1606 relative à la rédemption des captifs (page 284). Sur le titre figurent les armes de Paris de l'édition de 1586 et la devise : *Spe labor brevis.* L'ouvrage finit par la description des fontaines de Paris. Après le titre est un advertissement en une page signé *Dv Brevl.* Il y indique les additions par lui faites de collèges, églises et hôpitaux, et termine ainsi : « Je laisse les autres à chercher au dit sieur Bonfons. »

En résumé, nous avons signalé et décrit neuf éditions (ou plutôt réimpressions) de l'ouvrage primitif de Corrozet, contemporaines de l'auteur, et dix éditions posthumes, dont une douteuse, celle de 1568. La première décrite, et datée 1532, est la plus précieuse à titre de rareté ; mais les cinq suivantes sont également rares. La plus importante, à mon avis, je le répète, est celle de 1561, la dernière corrigée par l'auteur.

Parmi les éditions posthumes, amplifiées par Bonfons père et fils, la plus recherchée est celle de 1586, avec le supplément de Rabel, la première illustrée de gravures sur bois. Toutefois les suivantes, augmentées par Pierre Bonfons, notamment celle de 1607, doivent nous intéresser par les nombreux et nouveaux faits ajoutés à l'ouvrage par des auteurs contemporains des événements.

Jacques Du Breul, qui en 1608 avait consenti à jouer le rôle de collaborateur des Bonfons, entreprit, malgré son grand âge, un ouvrage tout à fait neuf fondé sur des documents inédits. Sans répudier les traditions orales, il chercha à donner à son travail, publié en 1612, une base plus solide. La Bibliothèque de Saint-Germain des Prés, dont il était religieux, était la plus riche de Paris en anciennes chartes; il en déchiffra un grand nombre relatives surtout à nos monuments religieux et remonta aux sources historiques. Son livre, tout en reproduisant une partie des récits de Corrozet, est rédigé dans un ordre différent et enrichi de tant de renseignements nouveaux qu'il constitue un ouvrage original. Jusqu'à la publication, en 1724, des manuscrits mal ordonnés, mais très curieux de Sauval, manuscrits rédigés de 1650 à 1676, l'œuvre de Du Breul a servi de base à toutes les publications intermédiaires.

A cette dissertation, nous en ajouterons une autre sur les éditions d'un auteur qui, dans son genre, peut passer pour original. Il s'agit de Germain Brice, qui, à partir de 1684, sans rien dire de neuf sur l'antiquité de nos monuments, s'est attaché spécialement à décrire les objets d'art dispersés dans nos églises et dans les collections particulières, ainsi que les cabinets de curiosités en tout genre célèbres à Paris sous Louis XIV et Louis XV. Il écrivait surtout en faveur des riches étrangers qui visitaient sous ce point de vue notre capitale.

NOTICE SUR LES DIVERSES ÉDITIONS

DE LA

DESCRIPTION DE PARIS

DE

GERMAIN BRICE

ÉDITIONS PUBLIÉES AU XVIIᵉ SIÈCLE.

Germain Brice, né à Paris en 1652 et mort en 1727[1], doit passer pour un littérateur médiocre, si l'on compare son style à celui des grands écrivains de l'époque, mais on ne peut lui refuser une certaine dose d'érudition et du tact à juger des œuvres d'art et d'architecture. En 1684 il publia un ouvrage en deux volumes,

---

[1]. C'était, selon Némeitz (*Séjour de Paris*, p. 144), *un abbé sans emploi, non tonsuré, mais jouissant de bénéfices ecclésiastiques*. M. Lefeuve (*Histoire de Paris rues par rues*, etc., 1875, t. III, p. 54) en parle ainsi : « Pour vivre, il donna des leçons d'histoire, de géographie et de blason, rue du Sépulcre. Ses livres rapportaient si peu qu'il y avait pour l'auteur nécessité d'en dédier à des princes allemands. »

petit in-8° (format qu'on nommerait aujourd'hui in-18), portant ce titre : *Description* || *nouvelle* || *de ce qu'il y a de plus* || *remarquable* || *dans la ville* || *de Paris* || *par M. B**** || *Paris, Nicolas Le Gras au Palais*[1]. A la fin du privilège on lit : « Achevé d'imprimer pour la première fois le 30 mars 1684. »

Ce livre fut accueilli avec faveur par les Parisiens et surtout par les étrangers de passage à Paris dont il fut longtemps le guide préféré, puisque cette première édition fut suivie de huit autres dont la dernière seule, celle de 1752, est posthume et fut publiée vingt-cinq ans après sa mort.

Le *Journal des Sçavans* de 1684, page 113, fait de cet ouvrage un éloge assez froid et en style peu élégant. Après avoir cité le titre, conforme à celui ci-dessus, et désigné le format in-12, le rédacteur de l'article s'exprime ainsi : « Les empressemens que témoignent les Étrangers qui viennent à Paris pour connoistre toutes les beautez dont on a enrichy cette Ville depuis quelques années méritoient

---

[1]. Il y a des exemplaires où figure aussi le nom de la veuve Audinet, associée de Le Gras, *au Palais, à l'entrée de la Gallerie des Prisonniers, à la Vérité Royale.*

bien que l'on travaillât à leur en apprendre l'estat present. L'auteur de ce Livre tâche de le faire, non seulement en décrivant les lieux publics..., mais encore les Cabinets des Curieux, les Maisons des Particuliers, les Bibliotèques, les Academies des Sçavans et en un mot tout ce qui mérite le plus d'estre connu et d'estre regardé avec quelque sorte de distinction. On n'y a suivy d'autre ordre que celuy des Quartiers de Paris, dans chacun desquels conduisant de suite un Étranger, ou tel autre Curieux qui ignoreroit encore ce qui s'y trouve de remarquable, on prend soin de lui decouvrir tout ce qu'il y peut rencontrer capable de satisfaire sa curiosité. »

Plusieurs historiographes parisiens du dix-huitième siècle ont parlé de Bricè avec estime. Par exemple, Lobineau, le collaborateur de Félibien, dans la préface de l'*Histoire de Paris*, en 5 volumes in-folio, dit à la première page : « Le sieur Germain Brice, plus brillant et plus actif que les deux autres (Du Breul et Le Maire) donnoit chaque jour un nouveau lustre à la capitale par ses descriptions si souvent réimprimées. »

Jaillot, mêlant la critique à l'approbation,

s'exprime ainsi dans le discours préliminaire de ses *Recherches* : « Germain Brice publia en 1684 une *Description de Paris* en 2 volumes... Neuf éditions de cet ouvrage, jusqu'en 1752[1], prouvent qu'il n'est pas sans mérite. Il y a peut-être autant d'excès dans les éloges qu'on lui a prodigués que dans la critique qu'on en a faite. Il annonce la facilité de l'auteur et ses connaissances en Peinture, Sculpture et Architecture, mais les détails historiques qu'il y a joints manquent presque toujours d'exactitude. »

Les erreurs historiques et autres de Brice ont été relevées avec acharnement par un confrère hargneux, Piganiol de la Force, écrivain assez estimable, mais très irascible. Il voyait avec envie les étrangers préférer l'ouvrage de son rival à ceux qu'il publiait sur le même sujet et dans la *Description de Paris* en 8 volumes, publiée en 1742, éclate toute sa haine. La table générale contient un article intitulé : *Germain Brice réfuté*. Dans le cours des huit volumes l'infortuné est réfuté cinquante-neuf fois en

---

1. C'est cette édition posthume que Jaillot cite de préférence dans le cours de ses *Recherches*. C'est la plus complète et la plus correcte ; mais en définitive elle ne représente pas toujours l'œuvre de Brice.

termes peu gracieux : c'est ce qu'on pourrait nommer en style vulgaire un éreintement à jet continu. Citons quelques échantillons des aménités qu'il adresse à son antagoniste décédé depuis quinze ans, mais toujours vivace dans son œuvre.

Dans sa préface Piganiol s'écrie : « Après la mort de Le Maire (auteur de *Paris ancien, Paris nouveau*, livre publié en 1685) Brice, se trouvant sans concurrent et à son aise, multiplia les éditions et le nombre des volumes de son livre. Il copia sans choix le livre de Le Maire...[1] Quoique Brice ne connût ni les Sciences ni les Sçavans, et qu'il n'apportât à la composition de son livre que beaucoup de présomption et un peu de facilité à écrire en notre langue, il ne laissa pas d'avoir quelques partisans. »

Plus loin il relève la phrase (citée ci-dessus) de Lobineau en ces termes : « L'historien de Paris devint quelquefois la victime de ce jugement, car il tomba dans plusieurs fautes

---

1. C'est une assertion calomnieuse ; la première édition de Brice parut avant l'ouvrage de Le Maire. Ce dernier avoue lui-même avoir tiré son ouvrage en trois volumes de celui du père Du Breul. Il y a des exemplaires datés 1688 et 1698 ; mais c'est toujours l'édition de 1685 avec titres renouvelés.

pour s'être trop aveuglément livré à l'*activité* et au *prétendu brillant* de Brice. » Puis il ajoute méchamment en note : « Le comte de Bussy-Rabutin dit avoir connu une dame à qui un sot éveillé étoit plus sûr de plaire qu'un homme d'esprit sérieux. »

Piganiol parle ensuite des ouvrages sur Paris de Liger et de Saugrain[1], puis de sa propre *Description de Paris* insérée en tête de celle de la France (publiée en 1718 et rééditée plus tard), puis il ajoute : « Toutes ces Descriptions de Paris allumèrent tellement la bile de G. Brice et blessèrent si sensiblement son amour-propre qu'il oublia la force des termes et franchit les bornes de la modestie... non seulement il se crut un auteur *original*, mais il eut même la foiblesse de le faire imprimer dans l'avertissement de l'édition de 1725. Brice avoit plus de raison qu'il ne pensoit de se croire original, mais c'étoit dans le sens qui a fait dire à un grand Philosophe (Mallebranche) qu'il y avoit dans le monde plus d'originaux qu'on ne croyoit. »

1. Il désigne le *Voyageur fidèle*, 1716, in-12, attribué à Liger, et les *Curiositez de Paris*, par M. L. R. (Le Rouge?), publiées par Saugrain, 1716, in-12.

On pourrait remplir dix pages de ces invectives qui rappellent celles d'Henri de Mauperché (dans son *Paris ancien* publié en 1814) contre Bonamy, historiographe de la Ville sous Louis XV.

Piganiol mourut en 1753, âgé de 80 ans. En 1765 des Libraires associés réimprimèrent avec corrections sa *Description de Paris* en 8 volumes parue en 1742. Ils y ajoutèrent d'une part et retranchèrent d'autre part, mais eurent le bon goût, tout en réimprimant la préface de Piganiol, de protester contre ses invectives à l'égard de Brice et de les supprimer. On lit à la page dix-huitième de l'Avertissement : « Celui de tous les écrivains que M. Piganiol a le plus maltraité est sans contredit Germain Brice mort en 1727... Celui-ci avoit publié... une Description de Paris qui avoit été bien reçue et qui se soutient encore aujourd'hui... Il en parloit dans le corps de sa Description avec le plus grand mépris. A l'entendre, Germain Brice étoit un ignorant qui ne savoit ni le Latin ni même le François et qui n'avoit fait que copier des Auteurs fautifs, pour tomber lui-même dans des erreurs plus considérables. Nous avons supprimé la plus grande partie de ces invectives dans la présente édition parce que les fautes de G. Brice ayant été corrigées dans les différentes réimpressions[1] faites depuis sa mort, les reproches de M. Piganiol tomberoient à faux et ne feroient tort qu'à lui même. » Puis les éditeurs, « pour rendre justice à la mémoire de Brice », font ressortir son aptitude pour juger de l'art et le mérite de son style quand il en parle, etc.

Il faut ajouter ici que ces mêmes libraires associés avaient publié en 1752 la dernière édition (posthume) de Brice avec nombreuses rectifications, ce qui explique, en partie du moins, les égards qu'ils lui témoignent. Rusés en tout temps, les éditeurs!

Parlons maintenant des diverses éditions de l'œuvre de G. Brice publiées au dix-septième siècle.

1684. — ÉDITION PRINCEPS DE LA DESCRIPTION DE PARIS. — Nous en avons mentionné le titre plus haut. L'auteur, alors modeste et

---

1. Nous ne connaissons qu'une édition posthume, celle de 1752. Aurait-on reproduit une ou plusieurs fois celle de 1752? Aurait-on renouvelé simplement le titre? Nous l'ignorons. Selon les éditeurs de Piganiol, l'édition de 1752 publiée par eux est la meilleure de l'ouvrage de Brice.

timide, comme tout débutant, ne donna que l'initiale de son nom, mais dès la seconde édition il l'inscrivit en entier. Cette édition *princeps* divisée en deux parties contient, sans comprendre l'avertissement ni les tables, la première 272 pages (de 26 lignes à la page), la seconde 296. L'année suivante Le Maire ayant publié son ouvrage en trois tomes intitulé *Paris ancien et Paris nouveau*, l'éditeur de Brice, pour tenir tête à cette concurrence, se hâta de refaire, pour les exemplaires non encore écoulés, un nouveau titre daté 1685 avec le nom de la *Veuve Audinet*, mais c'est identiquement la même édition, comme j'ai pu m'en convaincre en comparant les exemplaires portant ces deux millésimes. Ajoutons qu'il existe une contrefaçon de cette première édition publiée à *La Haye par Abraham Arondeus*, 2 volumes également petit in-12 avec la date 1685.

L'édition princeps est aujourd'hui recherchée à cause de sa rareté; peu d'exemplaires en effet ont pu survivre par des raisons faciles à comprendre: beaucoup ont dû, comme ceux du livre de Corrozet, être anéantis par l'usage, ou même détruits comme ouvrage suranné, après l'apparition d'éditions nouvelles plus amples et plus correctes.

Brice est le premier peut-être qui, négligeant, comme il l'avoue lui-même, la partie archéologique, ait eu pour but spécial de fournir aux étrangers des détails relatifs à nos édifices sous le rapport artistique, et aux collections particulières d'objets d'art, d'histoire naturelle, etc. conservées dans les hôtels des riches personnages du temps qu'on nommait : des *Curieux*. C'est la partie la plus neuve, la plus saillante de son ouvrage qui offre, sous ce rapport de l'actualité, de la couleur locale. On sent que l'auteur parle le plus souvent *de visu*. On y voit percer d'une part son intention d'allécher les *curieux* étrangers, de l'autre celle de flatter l'amour-propre des collectionneurs[1]. On pourrait même avancer qu'il faisait ce qu'on nomme de nos jours de la réclame. Brice n'était pas seulement un guide pour les étrangers par ses écrits ; il remplissait quelquefois le rôle (avec la perspective, sans aucun doute, d'une généreuse récompense) de guide en nature, de *cice-*

---

1. Les curieux dont Brice signalait les collections payaient-ils ses éloges en présents ou en numéraire ? C'est possible ; mais je n'en pourrais fournir la preuve. On peut supposer au moins qu'ils souscrivaient à un ou plusieurs exemplaires de son ouvrage.

rone, comme on dit en Italie. La dédicace de sa septième édition (1717) au duc de Brunswick se termine ainsi : « J'espere que V. A. S. recevra favorablement ce nouvel ouvrage et qu'il pourra servir à rappeler l'idée du zele avec lequel j'ai tâché *autrefois de lui faire remarquer* les singularitez de cette celebre Ville, pendant le séjour que V. A. S. y a fait. »

La préface de l'édition posthume de 1752 publiée par les *Libraires associés* et qui sera citée à la fin de cette notice ne laisse aucun doute sur le rôle de cicérone que jouait Brice à l'égard des étrangers.

Citons maintenant quelques passages de la préface de 1684 ; ils nous donneront une idée du plan et du but de l'auteur. « Il arrive fort souvent que peu de personnes remarquent toutes les véritables beautez de la ville de Paris et principalement les Etrangers qui se plaignent que l'on ne les peut connoistre, sans en faire une étude particulière... aucune description n'ayant encore paru qui ait pû les instruire. » Il ajoute que c'est « en leur faveur que cette description a été entreprise. On a suivy les Quartiers et les Ruës autant qu'il a esté possible afin que dans une même course on pût voir plusieurs belles choses ». Il renvoie, pour ce qui concerne les antiquités de la capitale, aux ouvrages de Corrozet et de Du Breul et déclare ne s'occuper ni d'épitaphes ni d'*histoires particulières* (il a changé d'avis dans ses dernières éditions). «Les Étrangers, ajoute-t-il, aimeront bien mieux sans doute la description d'un Cabinet, d'une Bibliothèque ou d'un Appartement bâti à la moderne que la lecture des Épitaphes du Charnier des Saints-Innocens. » Il termine en faisant appel à ceux qui possèderaient des mémoires particuliers et les prie de « les communiquer et d'en avertir le Libraire... afin que l'on puisse les aller consulter s'ils veulent bien le permettre ». Cette péroraison de la préface se reproduit dans toutes les éditions suivantes.

1687. — Seconde édition. — Même disposition du titre avec cette addition : « Seconde édition || augmentée de plusieurs recherches || très curieuses || par M. Brice. || *Au Palais chez Nicolas Le Gras*[1] », deux volumes in-8°, format

---

[1]. Il paraît qu'il y a des exemplaires avec cette adresse : *Paris, J. Pohier*, 1687. (Voir le catalogue de vente de feu M. Le Roux de Lincy, vente faite en avril 1870, n° 1613 du catalogue.)

un peu plus grand que celui de la première édition; 30 lignes à la page. La première partie (sans l'avertissement et la table) a 262 pages; la seconde 321. En tête du volume est une Épître au prince *George Land-grave de Hesse*. Le texte de l'avertissement est, à très peu de variations près, la reproduction de celui de l'édition primitive; seulement, avant le dernier alinéa, est intercalé celui-ci : « Cette seconde Édition est beaucoup plus correcte que la première, elle est mesme aussi plus ample, et les augmentations que l'on y a ajoûtées ont esté recherchées avec tout le soin qui a esté possible, etc. » Le premier chapitre sur l'origine et les accroissements successifs de Paris est plus développé. Si l'on compare les tables des deux éditions, on voit que l'auteur a conservé le même ordre, mais a augmenté son texte, surtout en ce qui concerne les artistes et les collections. Nous ne pouvons ici comparer un à un chaque chapitre pour signaler les modifications et les alinéas additionnels; ce travail nous entraînerait trop loin. C'est aux amateurs de le faire selon le besoin de leurs recherches. Nous citerons un seul exemple. A l'article du cimetière des Innocents nous avons fait cette remarque : Brice ajoute, au sujet de la croix Gastines, que les bas-reliefs qui la décorent sont de *maître Ponce*. A propos de la statue de la Mort (qu'il nomme à tort le *squelette*, car c'était un cadavre) au lieu de l'attribuer à Germain Pilon, comme dans l'édition de 1684, il se borne à dire qu'elle est « d'*albâtre et d'une très bonne main* ». Il ajoute qu'on l'a déplacée depuis peu pour la mettre dans un endroit plus propre, etc. Il cite enfin les quatre vers inscrits sur un cartel que tenait cette statue. Beaucoup de modifications ou additions analogues attestent assez que les nouvelles éditions de Brice étaient corrigées à la suite de nouvelles investigations et à l'aide de renseignements *de visu* et que, lorsqu'il réimprimait les erreurs de l'édition précédente, c'était faute d'avoir réussi dans ses recherches. Nous le répétons : malgré d'assez nombreuses méprises, malgré des assertions produites souvent trop à la légère, c'est un auteur scrupuleux et, à ce titre, il mérite que nous lui accordions notre estime et le vengions des invectives acharnées de Piganiol, auteur trop fautif lui-même pour avoir le droit de jeter à Brice la première pierre.

Entre 1687 et 1698, il ne parut pas de nouvelles éditions[1]. La lacune est immense; la véritable cause, à notre avis, c'est que la seconde édition aura été tirée à grand nombre; ensuite il vint sans doute à Paris fort peu d'Allemands, de Flamands et d'Anglais, puisque la France était à cette époque en guerre avec ces trois nations. On peut ajouter aussi que l'ouvrage de Brice avait à subir la concurrence de celui de Le Maire paru en 1685, et dont le titre (mais non le texte) fut rajeuni par l'éditeur en 1688 et 1698.

En 1691 parut sous ce titre : *Les adresses de la ville de Paris*, et, l'année suivante, sous celui de *Le livre commode*, une sorte d'annuaire rédigé par Nicolas de Blegny, médecin empirique[2] qui prenait le pseudonyme d'Abraham du Pradel. On y trouvait les adresses des fameux collectionneurs du temps dits alors *curieux*. Ces listes ont pu faire tort à la vente du guide de

---

1. Le catalogue de vente de feu M. de Lincy signale sous le n° 1614 une édition de 1694 (*Paris, Le Gras*); c'est celle de 1687 avec titre renouvelé. On voit figurer sur le même catalogue une édition avec millésime de 1697. *Paris, Henri Charpentier.* Même remarque, puisque celle de 1698 est, comme le dit la préface, la *roisième*.

2. Notons que ce fut aussi un médecin, Théophraste Renaudot, qui fonda en 1631 un journal assez analogue aux *Petites-Affiches*.

Germain Brice, mais le *Livre commode* ne reparut pas en 1693.

Quoi qu'il en soit, ce fut onze ans seulement après la seconde édition que parut la troisième beaucoup plus complète que les deux premières et sous un titre différent.

1698. — Troisième édition. — Elle est intitulée : « Description || nouvelle || de la || Ville de Paris || ou || recherche curieuse || des choses les plus singulieres et les || plus remarquables qui se trouvent à || present dans cette grande Ville || etc. A quoi l'on a joint un Nouveau Plan de Paris et le nom || de toutes les Ruës par ordre alphabétique || . Par Germ. Brice Parisien ». *Paris chez Nicolas Legras, Nicolas le Clerc et Barthelemy Girin*. 2 vol. gr. in-12 de 31 lignes à la page. Avec privilège daté du 15 octobre 1697, au bas duquel on lit : *Achevé d'imprimer pour la première fois*[1] *le* 15 *février* 1698. Pas de dédicace. Le premier tome, sans l'avertissement et la table, a 402 pages, le second 381,

---

[1]. Ces mots *pour la première fois* semblent indiquer que l'auteur regarde cet ouvrage comme nouveau. Cependant c'est toujours le même ordre de promenades par quartiers. Il est néanmoins assez modifié dans quelques parties de son plan pour mériter l'épithète de nouveau. La liste des rues a été retranchée dans les éditions suivantes.

plus 71 pour la liste des rues. Il cite une rue dite *de la Truye-qui-file* ou *de la Tortue*, près du Grand Châtelet; cette rue n'est indiquée sur aucune liste ni sur aucun plan. Le texte de l'avertissement est à peu près identique à celui des deux premières éditions, sauf qu'on lit, à l'avant-dernier alinéa, qui est toujours un appel aux possesseurs de *mémoires particuliers*: «Cette TROISIÈME édition est beaucoup plus correcte... » Le reste comme dans la phrase citée plus haut. Le plan de Paris signalé dans le titre est un plan géométral petit in-folio daté 1694 et publié par Defer. Il est très finement gravé par Inselin d'après un plan de Jouvin de Rochefort. La place Louis-le-Grand ou des Conquêtes (aujourd'hui Vendôme) y figure sous une forme carrée, selon le projet primitif. Entre autres additions, on remarque quelques épitaphes, malgré cette phrase répétée dans la préface: « Il est fort peu nécessaire à un Étranger de Sçavoir ces sortes de choses. » Dans les éditions suivantes, Brice en a multiplié le nombre pour faire concurrence à Piganiol.

Pour donner un exemple de son système de corrections, revenons encore ici à son passage relatif au cimetière des Innocents. Dans les deux éditions précédentes il commettait l'erreur de placer rue Saint-Denis une rangée de maisons neuves commencées (rue de la Ferronnerie) vers 1670, aux dépens d'une portion du cimetière. A la page 95 il se rectifie en substituant au nom de rue Saint-Denis celui de rue Saint-Honoré et ajoute « cette partie (de la rue Saint-Honoré) étoit *autrefois* nommée la rue de la Ferronnerie ». Nouvelle méprise sans doute, puisque sur tous les plans du dix-septième siècle et de nos jours encore le nom de la rue de la Ferronnerie subsiste. Il ajoute à son texte : « C'est dans ce malheureux espace que fut assassiné Henri IV, etc. »

Quant au cimetière, il n'en parle que beaucoup plus loin à la page 233 et avec plus de détails que précédemment. Il signale la croix Gastines comme l'œuvre, non plus de maître Ponce, mais de *Jean Gougeon*. Il s'étend sur les bas-reliefs du tombeau de *Nicolas Flamel* et de *Perenelle*, sa femme, et, à ce sujet, présente Flamel comme alchimiste. Notons ici l'erreur de Brice : cette tombe, très connue des archéologues, était celle de Pernelle seulement, puisque Flamel avait la sienne (retrouvée de nos jours) dans l'église Saint-Jacques-la-Boucherie. Il mentionne aussi pour la première fois la sépulture *dans le cimetière* du célèbre historiographe de France Fr. Eudes de Mezeray, mort le 10 juillet 1683, âgé de 73 ans, mais il ne cite pas son épitaphe. Les historiographes de Paris placent la sépulture de Mezeray tantôt *dans le cimetière*, tantôt *sous un des charniers*, sans en désigner l'emplacement[1].

Si l'on consulte les tables de cette troisième édition que je possède, ainsi que les deux premières, on y voit figurer notamment de nouveaux noms d'hôtels et des cabinets d'amateurs en tout genre omis dans la précédente.

ÉDITIONS PUBLIÉES AU XVIIIe SIÈCLE.

1701. — QUATRIÈME ÉDITION. — Cette édition annoncée sur le titre comme *nouvelle*, est une réimpression, page pour page, mais

---

1. D'après la *Vie de Mézeray* par Daniel de la Roque (*Amsterdam*, 1726, in-12), le célèbre historien fut inhumé, selon une clause de son testament imprimé dans cet ouvrage, sans aucune pompe, dans la fosse commune des pauvres; mais son cœur fut donné aux Carmes-Billettes qui le conservèrent dans la chapelle dite de Notre-Dame de Bon-Secours, avec un petit monument décoré d'une épitaphe.

en caractères un peu différents, de l'édition de 1698, avec les noms des mêmes éditeurs. Elle compte pour la *quatrième*. Si on lit à la fin de la préface « cette *troisième* édition », c'est parce que cette préface est identiquement la même que celle de 1698. En tête est le même petit plan de Paris, épreuve pâle, mais on n'a pas reproduit la liste finale des rues de Paris.

1706.— Cinquième édition. — Elle a pour titre : « *Description nouvelle de la ville de* » *Paris et recherches des singularitez les plus* » *remarquables qui se trouvent à présent dans* » *cette grande ville... Cinquième édition* avec » un nouveau plan et des figures, par Germain » Brice ». *Paris, Nicolas Le Gras*. 1706, 2 vol. in-12. C'est la première contenant, outre un plan de Paris, des gravures qui ne se retrouvent pas dans les éditions suivantes. Selon un article sur les *Arts à Paris, sous Louis XIV* (*Gazette des Beaux-Arts,* livraison du 15 février 1859), par M. Le Roux de Lincy, elles ont été renouvelées. Brice, dans cette édition, a ajouté des détails sur les collections du duc d'Aumont, qui venaient d'être dispersées.

1713. — Sixième édition. — « *Description de la ville de Paris et de tout ce qu'elle contient de plus remarquable*, par Germain Brice, enrichie de plans et de figures gravées correctement. *Sixième* édition revue et augmentée par l'auteur. » *Paris, François Fournier.* 3 vol. in-12. Cette édition, la première en trois tomes, est dédiée à J. Paul Bignon, et porte en tête le portrait de ce personnage. Le hollandais J.-C. Nemeitz en parle dans son *Séjour de Paris*, publié en Hollande en 1727[1]. A la page 154, il s'exprime ainsi au sujet des promenades et des places de la capitale : » L'on en trouve assez de particularitez dans la *Nouvelle Description de la ville de Paris*, » publiée par M. Brice, l'an 1713, in-8°, 3 vol. » Elle est de beaucoup plus augmentée que » toutes les précédentes Editions et embellie » de force figures assez renommées, lesquelles » on peut acheter séparément. » Nemeitz ajoute en note : « C'est la sixième édition. Les » précédentes ne consistent qu'en deux tomes » qui ont très peu de tailles douces. Peut-être

1. Nemeitz visitait Paris vers 1715. Son *Séjour de Paris*, daté 1727, est signalé dans l'avant-propos comme une deuxième édition de son ouvrage. La première est en hollandais; la bibliothèque de l'hôtel Carnavalet la possède.

» en a-t-on déjà imprimé depuis une autre
» édition plus nouvelle, puisque le livre est
» de grand débit... »

On a signalé sur un catalogue une édition de 1715 : on a mal lu le millésime et il s'agissait de celle qui précède, ou bien ce serait celle de 1713 avec un titre nouveau, ou encore une contrefaçon avec millésime plus moderne.

1717. — Septième édition. — Même titre (imprimé en lettres rouges et noires) que l'édition de 1713, plus : « enrichie d'un nouveau
» Plan et de nouvelles Figures dessinées et
» gravées correctement. *Septième* édition. Re-
» vue et augmentée par l'auteur ». *Paris, François Fournier*. Avec privilège en date du 13 juillet. Cette édition, en trois volumes, est dédiée au duc de *Brons-Wic* et de Lunebourg, en style courtisanesque. L'ouvrage, bien que très développé, est toujours rédigé sur le même plan que dans la première édition. Il commence sa promenade par le Louvre et finit par la description des ponts. Les épitaphes y abondent. Le tome I, sans les tables ni la préface, contient 494 pages, le deuxième 526 et le troisième 462.

Nous allons, comme point de comparaison avec l'*avertissement* de l'édition de 1684, reproduire ici quelques passages de la *Préface* de 1717. « On a tâché autant qu'on a pû, de pro-
» curer à cette nouvelle édition, plus d'exac-
» titude et de précision, et beaucoup plus
» d'étendue que celle qui ont paru... Cette
» septième édition contient quantité de nou-
» veautez de diverses espèces, recherchées
» avec bien du soin; comme édifices construits
» depuis peu, bibliothèques nombreuses...
» cabinets de différentes raretez... On y a
» ajouté des traits d'histoire choisis et placez
» à propos, pour égaier les sujets qui se pré-
» sentent... On a fait en sorte que tout le
» monde y trouvât quelqu'utilité, les étrangers,
» en leur indiquant ce qui doit piquer leur
» curiosité et les personnes établies dans cette
» Ville, en leur apprenant ce qu'*ils* ont ignoré
» jusques à présent... Pour rendre enfin cette
» septième édition plus agréable on a pris soin
» de la décorer de quantité d'estampes des-
» sinées et gravées par des maîtres habiles. »

Ces estampes (au nombre de 28), sont des reproductions de celles de J. Marot, Perelle et autres, exécutées par les graveurs en topographie suivants : A. Aveline, P. L. Giffart, Cl. Lucas, G. Scotin et A. Hérisset.

Il existe une réimpression ou plutôt une contrefaçon de l'édition de 1717, publiée à Amsterdam, intitulée également septième édition et datée 1718, avec planches différentes. Notons que Brice, dans cette édition de 1717, avance que La Fontaine, mort en 1695, est inhumé à Saint-Eustache; il ne parle pas de cette sépulture dans son édition de 1698 [1].

1725. — HUITIÈME ÉDITION. — La dernière corrigée par l'auteur qui mourut en 1727. Le titre est semblable à celui de la précédente. Il y a deux éditeurs : *Paris, Jules-Michel Gandouin* et *François Fournier*. 4 vol. in-12, avec figures, les mêmes probablement que celles de 1717. Cette édition est la première en quatre volumes; elle peut donc contenir des additions importantes. Brice, pour cette édition, a pu

---

[1]. Dans les *Curiositez de Paris* publiées en 1716 par Saugrain, on lit également (p. 74) que la tombe de La Fontaine est à Saint-Eustache, sa paroisse; même assertion dans la *Description de Paris* de Piganiol (1736), en tête de sa *Description de la France;* mais, dans l'édition plus détaillée en 8 volumes de 1742, il dit qu'il fut inhumé à Saint-Joseph; telle est aussi l'opinion de Jaillot. Faut-il supposer que les restes de La Fontaine furent transportés entre 1736 et 1742 à côté de ceux de Molière, ou faut-il admettre, d'après le *Dictionnaire de biographie* de M. Jal, que La Fontaine fut inhumé au cimetière des Innocents, fait dont aucun historien ne parle?

s'aider des manuscrits de Sauval, imprimés en 1724 avec privilège du 5 juin 1722. Il est à supposer qu'il lui a fait des emprunts. Quant à l'ouvrage de Félibien et Lobineau, publié en 1725, l'année même qui vit paraître cette huitième édition de Brice, il n'a sans doute pu le consulter.

C'est dans la préface de cette édition que Brice se déclare auteur *original*, expression qui exaspéra Piganiol (voyez page 42). Brice, avant sa mort arrivée en 1727, prépara une nouvelle édition, mais n'eut pas le temps de la publier. Celle qui passe pour la neuvième fut donnée en 1752 par l'association de libraires qui publia, en 1765, une réimpression posthume de Piganiol. Or ces éditeurs, dans la préface de ce dernier ouvrage, s'expriment de manière à faire croire qu'il y eut plusieurs nouvelles éditions de Brice après 1725 : « Les » fautes de Brice, disent-ils, ayant été corri- » gées dans les *différentes réimpressions faites* » *depuis sa mort* ». Tout ce que nous pouvons dire, c'est que nous n'avons jamais rencontré de réimpression entre 1725 et 1752[1].

---

1. Après la mort de Brice, Piganiol, délivré de cette concurrence, put écouler avec avantage sa *Description de Paris* en huit

D'après ce que nous allons lire au sujet de l'édition de 1752, on aurait imprimé vers 1740 les trois premiers tomes d'une *neuvième* édition préparée par Germain Brice avant sa mort ; mais on ne dit pas si ces trois volumes furent mis en vente en attendant le quatrième (publié seulement en 1751). Il en existe peut-être quelques exemplaires, mais je n'en ai pu découvrir aucun. Je ne connais ces trois volumes que réunis au quatrième, ce qui constitue l'édition suivante avec désignation de *nouvelle* édition et date 1752 pour les quatre volumes.

1752. — Neuvième édition. — Cette année parut une édition de Brice, postérieure de vingt-cinq ans à la mort de l'auteur et publiée un an avant celle de Piganiol, arrivée en 1753. Même titre et même disposition que l'édition de 1717, sauf qu'on lit après le nom de Germain Brice : *Nouvelle édition* enrichie d'un nouveau plan et de nouvelles figures, etc. (comme dans l'édition citée). *A Paris, chez les Libraires associés*, 1752, 4 vol. in-12.

volumes (1742), précédée d'une préface où il s'efforce de déprécier à son profit l'œuvre de son rival encore en faveur, grâce à ses diverses éditions.

Selon le père Lelong, la *Biographie universelle* et une note du catalogue de M. Le Roux de Lincy (1865), les trois premiers volumes auraient été augmentés par Mariette, célèbre juge en fait d'art, et les additions du quatrième sont attribuées à l'abbé Perreau. Le premier tome (sans la préface et les tables) contient 538 pages, le second 520, le troisième 490, le quatrième et dernier 456. Les gravures, tombes ou monuments, m'ont paru les mêmes que celles de 1717, sauf plusieurs nouvelles. Les épreuves sont en général très usées, quelques-unes ont été gravées d'après Chaufourrier, habile dessinateur topographe.

Dans l'*Avertissement* des éditeurs on trouve quelques curieux détails biographiques sur l'auteur qui prouvent qu'il fut un guide en nature, d'abord par *amusement* et par complaisance, mais ensuite par état et pour augmenter *son aisance*, grâce à des gratifications. « Le » hasard ou *son propre goût* l'ayant mis en » relation avec des étrangers... il essaya de se » lier avec eux et sçut leur plaire par la viva- » cité de son esprit et par le brillant de ses » saillies... ils le prièrent de leur servir de » guide. »

Plus tard Brice éprouva le besoin de s'instruire pour mieux remplir ces fonctions. « Il
» consulta les maîtres de l'art et fit même un
» voyage en Italie où il étudia, sous la con-
» duite des grands Maîtres, les riches modèles
» de l'antiquité; ce qui le mit en état, à son
» retour à Paris, d'être plus utile aux étran-
» gers. Il en retira aussi des avantages (pécu-
» niaires), bien plus considérables pour lui-
» même... Ses ouvrages contribuèrent aussi
» beaucoup à augmenter l'aisance dont il jouis-
» soit. »

Plus loin on lit : « Il commençoit à tra-
» vailler à une *neuvième* édition, lorsque la
» mort le surprit en 1727... Cette édition mé-
» ditée par l'auteur fut reprise il y a environ
» dix ou douze ans (vers 1740). On mit sous
» presse les trois premiers volumes [1], après
» quoi on suspendit cet ouvrage jusqu'à la
» présente année 1751. »

Les éditeurs parlent ensuite des nombreux changements survenus à Paris depuis l'impression de ces trois premiers volumes et donnent, à la suite de l'*avertissement,* une sorte de table

---

1. On ne dit pas si ces trois volumes furent mis en vente vers 1740 avec la désignation de *neuvième* édition. C'est possible.

d'errata et d'additions pour ces trois volumes qu'on ne pouvait modifier.

A la fin du dernier tome on lit simplement : *Fin du quatrième volume*. On n'ajoute pas : *et dernier*. Du reste cette remarque s'applique à toutes les éditions, depuis la première jusqu'à celle-ci.

Publications de la Société de l'histoire de Paris et de l'Ile-de-France.

Truchet, Plan de Paris sous le règne de Henri II, reproduit en fac similé d'après l'exemplaire unique de la Bibliothèque de Bâle, par Hoffbauer, sous la direction de L. Sieber, bibliothécaire de l'université de Bâle, et J. Cousin, bibliothécaire de la Ville de Paris. — 1877, gr. in-fol., 8 planches, titre et notice. 30 fr.

Paris pendant la domination anglaise (1420-1436). Documents extraits des registres de la chancellerie de France, par A. Longnon. Paris, 1878, in-8. 8 fr.

Les Comédiens du roi de la troupe française pendant les deux derniers siècles. Documents inédits recueillis aux Archives nationales, par E. Campardon. Paris, 1879, in-8. 8 fr.

Mémoires de la Société de l'histoire de Paris et de l'Ile-de-France. Paris, 1874-78, 5 vol. in-8 (tomes Ia VI). Chaque volume. 8 fr.

Bulletin de la Société de l'histoire de Paris et de l'Ile-de-France. Paris, 1874-78, 5 vol. Chaque volume. 5 fr.

Le prix de la cotisation annuelle, donnant droit à toutes les publications de la Société, est de 15 francs.

Bonnardot (A). Dissertations archéologiques sur les anciennes enceintes de Paris, suivies de recherches sur les portes fortifiées qui dépendaient de ces enceintes. Paris, 1853, in-4, plans. 20 fr.

Études archéologiques sur les anciens plans de Paris. Paris, 1853, in-4, plans. 20 fr.

Il ne reste que très peu d'exemplaires de ces deux ouvrages d'une très grande importance pour la topographie et l'histoire de l'ancien Paris.

Appendice aux Études archéologiques sur les anciens plans de Paris et aux Dissertations sur les enceintes de Paris. Paris, 1877, avec planches. 5 fr.

Bordier et Brièle. Les Archives hospitalières de Paris. Paris, 1877, in-8. 20 fr.

Libraire dépositaire des publications historiques de la Ville de Paris.

Histoire générale de Paris. Atlas des anciens plans de Paris. Paris, 1880, in-fol. 100 fr.

PARIS. — IMPRIMERIE ÉMILE MARTINET, RUE MIGNON, 2

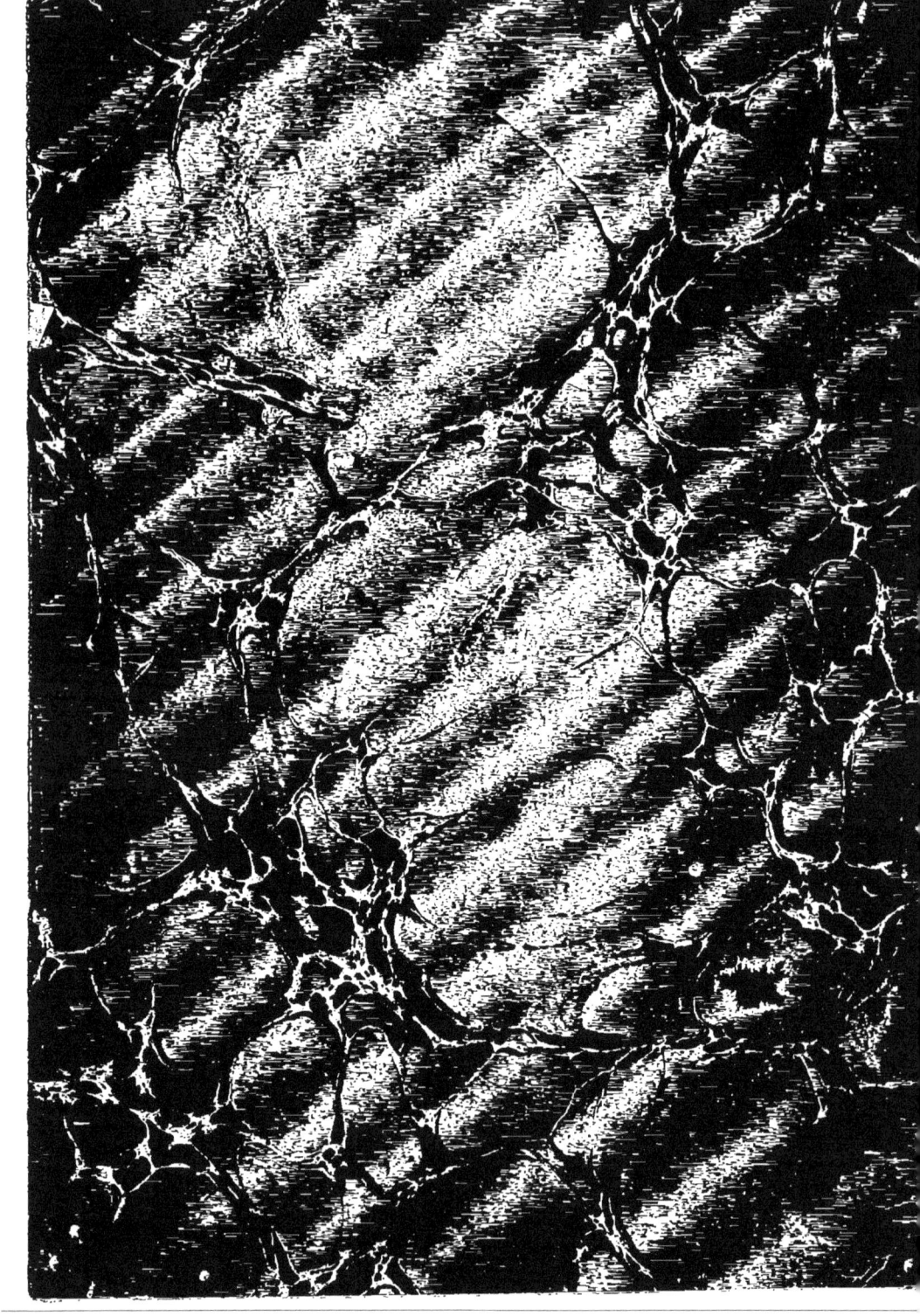

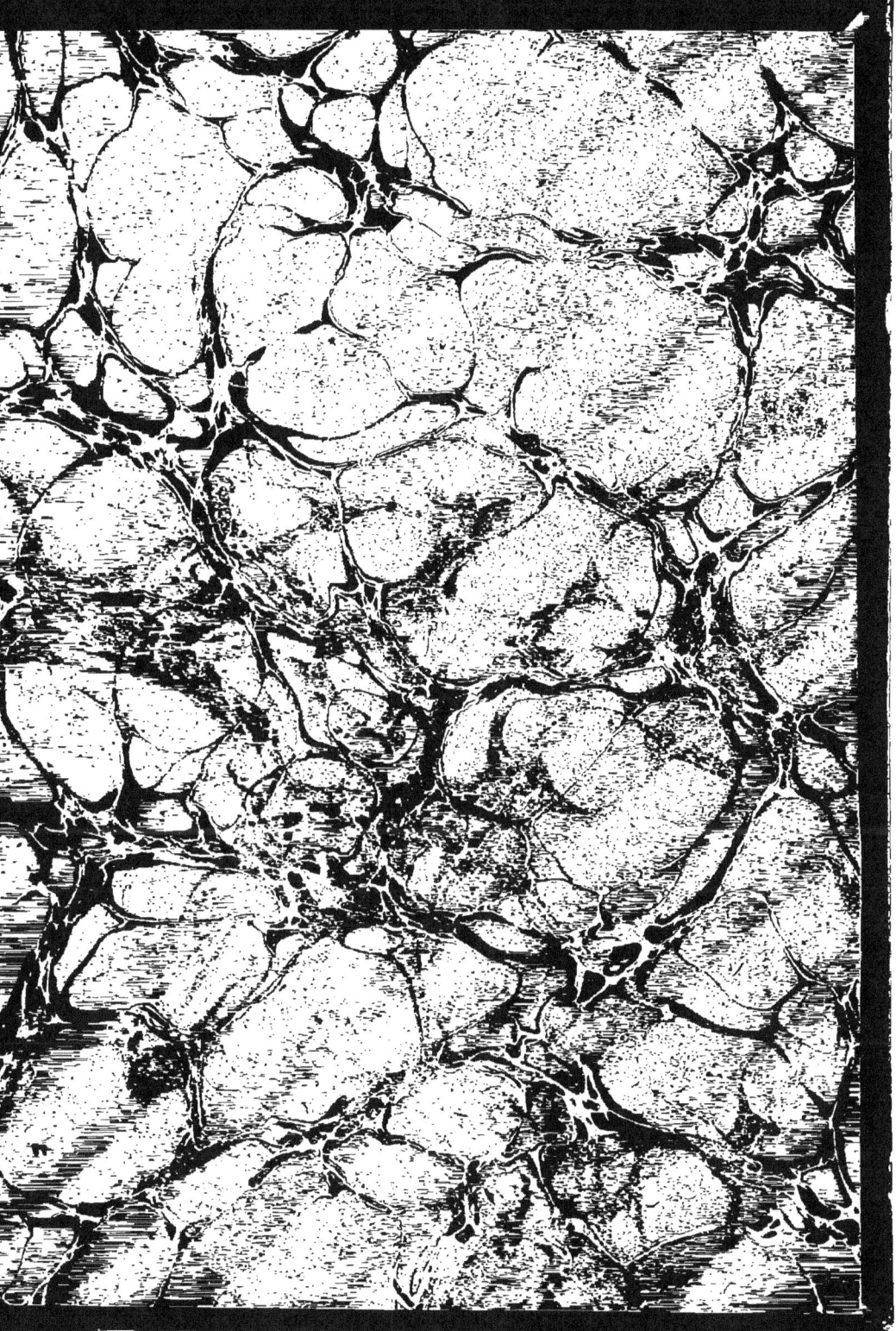

www.ingramcontent.com/pod-product-compliance
Lightning Source LLC
LaVergne TN
LVHW050559090426
835512LV00008B/1246